I0098515

raul M. Poinlines le jeune.

LETTRE

A UN HOMME DU VIEUX TEMS

SUR

L'ORPHELIN DE LA CHINE,

Tragédie de M. de Voltaire , repréſentée pour la premiere fois le 20 Août 1755.

JE vous ai tenu parole , Monſieur, j'ai vû hier la fameuſe Tragédie Chinoiſe , vous jugez bien que toute la France y étoit , une Piéce de M. de Voltaire eſt une affaire d'Etat , & les Nouvelliſtes Anglois ſont moins occu-pés dans leurs triſtes Caffés la veille d'une Action , que ne l'étoient hier nos femmes d'un certain ton , & tous les bruians Ora-teurs des toilettes , des ruelles & des foyers. Les Loges étoient retenuës depuis, diſoit-on, un Siécle , l'Amphithéâtre , le Théâtre & l'Orcheſtre paroiſſoient remplis de Laquais à plumets, de Valets-de-chambre galonnés, de Cuiſinieres & de Décroteurs, qui tous différens d'humeurs & d'inclinations ne ſe reſſembloient que par l'extrême inſolence

A

avec laquelle ils refufoient mutuellement
de fe ferrer un peu pour obliger un ga-
lant homme qui refpecte affez le Public
pour venir garder fa place lui-même. Notre jeuneffe diftinguée arriva bien vîte à 5
heures&demie fort étonnée qu'il fût fi tard,
tandis que celle d'une claffe un peu infé-
rieure affiégeoit depuis 2 heures un mal-
heureux Bureau où l'on n'avoit délivré que
30 Billets ; le combat fut violent, les épées
furent brifées, les chapeaux perdus, les
bourfes arrachées inclufivement avec les
cheveux qu'elles renfermoient, & tel en
cette bagarre, embourfa bravement trente
coups de poings pour contenter une vaine
curiofité, qui craindroit une égratigneure
s'il la falloit endurer pour l'honneur de fon
pays, le bien de fa famille, ou fa propre
réputation, que vous dirai-je enfin, tout
fut en régle, & il ne manquoit plus que
de tuer un Portier * pour que M. de Voltaire eût un fuccès à la Scuderi.

On entra, on fe rangea du mieux qu'il
fut poffible, un Duc auprès d'un Commis,
une Fille de facile accès auprès d'une Com-
teffe, les Financiers n'eurent de places
qu'aux Secondes, & les Confeilleres du Roi

* Chacun fçait le propos de Scuderi, il prétendoit fur-
paffer tous les fuccès de Corneille, parce qu'à la Repré-
fentation d'une de fes Piéces on avoit tué deux Portiers pour
obtenir des Billets.

furent contraintes d'enterrer leurs parures
aux Troisiémes ; cinq heures & demie son-
nérent , les Valets furent grondés , la Sen-
tinelle les chassa , le Parterre poussa , les
Amateurs toussérent , les honnêtes femmes
quittérent leurs nœuds , les filles leurs
mantelets, on fit silence, & la Toile se le-
va. A travers une cohorte indisciplinable
de jeunes Gens militaires & Robins , le
Théâtre offrit à nos yeux une décoration
que l'on nous dit être chinoise, si vous vou-
lez sçavoir mon avis,elle m'a paru gothique
& voilà tout ; le Peintre avoit dessein sans
doute de faire un Palais de porcelaine autant qu'on a pû voir par l'exécution , & il
n'a fait qu'un Palais dont les colomnes
bleuës portent des chapiteaux rouges & font
foutenuës par des bases de même couleur,
les cinq coulisses font terminées par trois
fermes percées en peristille,dont la derniere
représente une fenêtre au-devant de laquelle est une Pagode , chaque coulisse ou co-
lomne est ainsi que sa base & son chapiteau
couverts d'hiéroglyphes soi-disant Chinois,
& vraisemblablement copiés d'après les ta-
blettes d'encre qui nous vient de cette savan-
te contrée , lesquels vûs de loin semblent
des veines d'or,& font de ce beau Palais une
tabatiere d'avanturine. Si le Peintre qui a
donné le dessein de cette Décoration eût

consulté nos Voyageurs ou quelques Sça-
cans, il auroit pû avoir une idée du des-
fein sur lequel le fameux Many, ce Raphaël
des Indes, fit construire le cabinet des Rois
de la Chine que lui-même il peignit à fref-
que. Mais dans ce pays ci on sçait tout sans
rien apprendre, que nous sommes heureux!

La sublime Clairon & Mlle Hus ouvri-
rent la Scene, je ne puis nier que leurs
habits ne soient charmants ; voilà la premiere fois que je vois Melpomene sans pa-
nier, loin que ce coutume d'habits ait fait
tort aux charmes de nos Actrices, elles
n'en ont paru que plus aimables & plus
tragiques : quelques malins ont seulement
remarqué que la mesure du pied de la plus
jeune excédoit un peu celle de Pekin.

Premier Acte.

Idamé se plaint à sa Confidente de sa
propre disgrace, & déplore les malheurs
qui environnent l'Empire du Cathai ;
c'est-là que se passe la Scene *. Genghis-
kan est un Scythe barbare sorti des extrê-
mités du Nord pour porter la terreur &
la mort dans tout l'Univers, il a pris d'as-

* Vous connoissez ce pays si vous avez lû l'Arioste, il n'est
pas permis d'ignorer que l'Empire de Cathai a donné la
naissance à cette fameuse Angelique qui fit faire tant de
sottises au vigoureux Rolland.

faut la Ville du Cathai , le fer , le feu le
fuit partout ; mais ce qui porte encore plus
Idamé à le craindre , c'eſt que ce Conquérant terrible , ce fier Genghis-kan
n'eſt autre choſe qu'un Scythe d'un rang
aſſez obſcur dont elle avoit jadis été aimée ;
mais qu'elle n'avoit pû épouſer , parce que
les Loix de la Chine défendent de s'unir
aux Etrangers. Ce Conquérant ſe rappel-
lera , dit-elle , ſon ancienne injure , il im-
molera mon époux à ſa fureur. Cet époux
arrive , c'eſt un Mandarin de la premiere
Science , un de ces Lettrés ſi fameux dans
l'Univers,dépoſitaires ſacrés de ces auguſtes
loix ſur leſquelles eſt établi l'empire le plus
ancien du Monde. Il vient annoncer à ſa
chére Idamé que l'Empereur, ſon auguſte
épouſe & cinq de leurs fils viennent d'être
égorgés, mais qu'il a ſauvé le dernier enfant
encore au berceau. A peine achéve-t-il
que le Confident ou plutôt le Général des
Troupes du Vainqueur vient demander à
Xamſi , c'eſt le nom du Mandarin ſi je ne
me trompe , ce cher enfant qu'il a fouſtrait
au coup mortel. Si vous craignez la mort,
dit-il , il faut me le livrer : je ferai mon
devoir, répond le ſage Vieillard , quelle
conſternation ou plutôt quel déſeſpoir ! Le
Mandarin ordonne à ſon épouſe de porter
le fils du Roi au ſein des tombeaux de ſes

Ayeux, & de l'y cacher : elle fort pour exécuter fes ordres & le laiſſe avec fon Confident à qui il fait faire le ferment folemnel de taire à jamais le fecret qu'il va lui confier , & alors il lui ordonne d'aller prendre fon fils unique au berceau & de le porter aux Vainqueurs. Le Confident frémit, le vieillard lui-même s'émut, il ne peut dévorer les pleurs que lui arrache ce facrifice affreux ; mais il exige qu'on lui obéiſſe , le Confident y foufcrit : deux ou trois Moucheurs aſſez mal-propres viennent vous apprendre que l'Acte eſt fini.

Le deuxiéme eſt ouvert par le Vieillard qui eſt inſtruit par les larmes de fon Confident qu'il eſt obéi, fa femme entre , elle vient d'apprendre le projet de fon époux , elle fçait qu'on a livré fon fils , elle eſt femme, elle eſt mere , ajoutez à cela nouvelle mariée, & n'ayant qu'un enfant , le cri de la nature parle plus haut dans fon cœur que l'amour de fes Rois, elle n'écoute point ce que lui allégue fon époux , vous connoiſſez le coloris de M. de Voltaire , cela doit vous fuffire pour juger de la beauté de cette Scene qui eſt vraiment digne de fon Auteur. On vient annoncer l'arrivée du Conquérant ; tout le monde fe retire, il entre enfin , il donne des ordres, diſtribuë fes troupes, il craint quel-

que furprife de la part des Comoréens qui
étoient l'unique efpérance du Mandarin,
Il ordonne qu'on y veille, il fe félicite
d'être enfin fur le point de dévafter un Pays
où il a efiuyé tant de chagrins & d'affronts, on lui vient annoncer qu'à l'inf-
tant qu'on alloit livrer le dernier Fils du
Roi au fupplice, une femme auffi furieu-
fe que défolée étoit venu l'arracher des
mains de fes Soldats, & protefter au nom
de Dieu qu'on alloit égorger fon propre
fils, & non celui du Roi. Cette femme eft
inconnuë ; Genghis kan eft étonné de cet
événement, il foupçonne qu'on le trompe, il en eft indigné, il donne ordre d'arrêter cette femme & fon époux. Il fort.

Troifiéme Acte.

Il rentre furieux de n'avoir pû décou-
vrir la vérité ; on améne cette femme ;
quelle furprife pour lui de reconnoître
cette même Idamé qu'il avoit adorée, &
dont il avoit efiuyé les refus ; tout fon
amour fe réveille ; elle lui demande la
grace de fon fils ; ce mot lui apprend
qu'elle eft mariée, & le rend à la fois furieux & jaloux ; il veut voir cet époux
heureux qui l'a emporté fur lui. Le Mandarin arrive, Genghis-kan porte déja dans

fon cœur l'arrêt de la mort de fon rival, mais il veut fçavoir où eft le fils du Roi. Idamé éperduë lui découvre le fecret fatal de fon mari & de l'Etat , & prouve par un très-grand difcours que fon époux eft obligé d'écouter que les femmes n'entendent pas mieux les affaires , & ne font pas plus difcrettes au Cathai qu'ailleurs. Le vainqueur loin de s'appaifer s'irrite de plus en plus ; le Mandarin fort ; Idamé demande à fon premier Amant la grace de fon époux ; mais Genghis-kan lui répond qu'elle devroit plutôt fonger à tous les affronts qu'il lui refte à réparer. Il refte avec fon Confident à qui il dit dans un goût de longueur auffi inutile que déplacé , qu'il adore Idamé.

Au quatriéme Acte il propofe à cette généreufe époufe de quitter fon mari & de l'époufer. A ce prix feul elle peut obtenir la grace du Roi, Orphelin Royal de fon Epoux & de fon propre fils. Cette propofition ne fe fait guère à une honnête femme , ou du moins l'exemple prouve qu'il faut s'y prendre avec certaines précautions que notre Conquérant ignoroit , vû fa qualité de Scythe , & qu'il auroit pû apprendre de quelques-uns de nos François. Idamé le refufe comme de raifon , elle fait plus, elle lui parle avec morgue

& fierté, elle dit qu'elle aime mieux mourir, & prouve par d'excellens propos que
si les femmes du Cathai ne gardent pas le
secret de leurs maris, elles leur gardent du
moins autre chose. En vain le vainqueur
lui offre t-il le Sceptre de l'Univers, tout
cela ne la tente point, quel amour conjugal! hélas! n'en pourrons-nous trouver
des exemples qu'au Cathai! Pour moi j'i-
rois m'y marier dès demain, si malheureu-
reusement la folie n'en étoit faite, il ne
reste qu'un moyen à Genghis-kan, il me-
nace de faire périr le Mandarin & les deux
enfans, si la cruelle Idamé n'a pas la com-
plaisance de répondre au plutôt à ses dé-
sirs. Cette tendre épouse frémit à ce dis-
cours, & demande à voir son mari, le
Tyran lui permet & sort, elle reste avec
sa Confidente qui en fille sincere lui con-
seille de contenter le vainqueur, on n'en
doit point être surpris, c'est un propos de
Femme-de-chambre. Oh les mœurs sont
bien observées dans cette Tragédie! Il arrive cet époux contre l'honneur duquel le
Maître du Monde conspire; il apprend
les intentions du Conquérant, il voit que
c'est à ce prix seul qu'il peut sauver le Fils
du Roi pour lequel il a un attachement
incroyable; il considere son grand âge &
le peu d'usage qu'il peut faire d'une jeune

femme, tout cela intérieurement ; ainsi
tout examiné, il dit à Idamé qu'il faut
qu'elle le quitte & suive Genghis - kan ;
il est vrai qu'il promet de se tuer , &
c'est le parti le plus décent qu'il puisse
prendre ; mais sa femme est indignée de
ce projet , & lui en propose un meilleur ,
c'est de retirer elle-même le Fils du Roi
des tombeaux où il est resté *sans manger*,
& de le porter aux Chefs des Comoréens
par des détours obscurs inconnus aux
vainqueurs. Cette entreprise lui est d'autant plus aisée qu'elle est la seule qui ne
soit point observée. Ainsi finit le quatriéme Acte.

Genghis-kan tout amoureux qu'il est
a toujours les yeux ouverts ; il est instruit
du complot, il fait arrêter les criminels,
il ne reste aucune ressource à Idamé. A
force de prieres elle obtient encore de re-
voir son époux. Le Public imagine aisé-
ment que le dernier parti qu'ils ayent à
prendre est de se tuer tous deux d'un coup
fouré, c'est aussi ce qu'ils vont faire. Idamé après avoir peint ses malheurs à son
époux lui donne un poignard qu'elle avoit
caché & le suplie de la fraper : il s'étonne,
il frémit ; cette action demande quelques
réfléxions , il en fait de très - courtes à la
vérité, & le fer à la main, léve déja un

bras que par bonheur Genghis·kan arrête,
ils se croient perdus ; mais le vainqueur surpris de leurs vertus & sur-tout de leur
constance, voyant qu'il ne pourra jamais
contenter son amour, juge à propos de
l'éteindre & leur pardonne aussi-bien
qu'au fils du Roy qu'il comble de fa-
veurs, & tout cela ne pouvant pas mieux
faire.

Voilà, Monsieur, le plan exact de la
Tragédie qu'à certains égard on a juste-
ment applaudie hier. Vous voyez que l'in-
vention n'en est rien moins que neuve.
Vous sçavez dans quelle Tragédie An-
glaise M. de Voltaire a pris sa Scene du
cinquiéme Acte. La générosité de Gus-
man, d'Auguste, de Polieucte, & le dé-
nouement de Pyrrhus sont les originaux
de celui-ci. * Un fils supposé à la place
d'un fils de Roy que l'on veut soustraire au
supplice ; c'est le plan de la Tragédie d'E-
gyptus de Mr. de M. ou plûtôt c'est toute
l'histoire d'Andromaque & d'Astyanax,
le fils d'Hector est de même caché dans
des Tombeaux.

Quant à la disposition , le but d'une

---

* De plus, si je n'étois discret par goût, j'ajouterois que
cette Tragédie tant pour le plan que pour l'exécution est
à Zulime du même Auteur ce que le Duc de Foix est a
Adélaïde.

Tragédie ce me semble est d'instruire en intéressant. Les Poëtes instruisent de deux manieres en amusant, en présentant des modéles de vices ou de ridicules à fuir; c'est la Comédie, en intéressant; en offrant des Tableaux de vertus à imiter, c'est la Tragédie. Le but moral de celle - ci est assez obscur, on ne sçait si l'Auteur prétend montrer l'attachement que l'on doit avoir pour ses Rois, & alors il auroit eu tort de contredire cette maxime dans certains endroits de son ouvrage, ou bien veut-il d nner un Tableau de la fidélité & de l'amour conjugal, alors il n'auroit pas fallu que son Mandarin, qu'il veut rendre interessant y manquât en ne faisant nulle difficulté d'abandonner son épouse aux desirs d'un homme qu'elle a tant de raisons de haïr.

Pour l'interêt, il ne peut porter ni sur le fils du Roy, ni sur celui d'Idamé, que l'on ne voit point que le Royaume du Cathai soit détruit ou florissant, cela est encore fort égal au Français. Genghiskan est un homme furieux qui n'a que les qualités d'un Conquérant, ce ne sont pas celles-là qui font pleurer. Il veut enlever une femme à son mari, & pour conquérir des Empires & les saccager, il n'a d'autre droit que la force, tout cela

ne touche point en fa faveur. Quant au
Mandarin on l'aimeroit fans doute , mais
je ne fçais pourquoi on eft fâché de voir
un pere fur le point d'immoler un fils ;
un époux pret à facrifier fa femme à un
rival furieux , tout cela eft fort beau , mais
cela n'eft point dans nos mœurs ; tant de
vertu nous accable , mais ne nous attire
point du tout ; & dans toute l'aſſemblée
quoiqu'elle fût nombreuſe , je fuis per-
fuadé qu'il ne s'eft trouvé ni pere ni
époux qui en eût voulu faire autant en
pareil cas , que le vieux Mandarin. Il ne
nous refte plus qu'Idamé , auſſi eſt-elle la
plus intéreſſante , n'en déplaiſe à quelques agréables, qui n'aiment point avoir
fur la Scene des tableaux de jeunes femmes qui aiment ſi vivement de vieux maris , ils n'ont que faire de craindre , un
tel exemple n'eft pas de nature conta-
gieufe.

Parler du grand Voltaire c'eft vouloir
admirer , auſſi fais-je ; cependant je ne
puis me refuſer deux ou trois idées. Je
fuis étonné par exemple, comment l'a-
mour de Genghis-kan , de ce Conquérant terrible & fier , peut au bout de cinq
années fe rallumer à la premiere entrevuë
avec autant de chaleur, & comment a-
près s'être rallumé ſi vivement il fe peut

éteindre avec la même rapidité, cela ne paroît pas dans la nature. Polieucte & Gufman ne cédent leurs femmes que parce qu'ils vont mourir, & dans cette Tragédie Genghis-kan eft encore au printems de fon âge, tout lui réuſſit, il eſt heureux, il eſt vrai que c'eſt cela même qui rend fon procédé héroïque, mais il faut que l'héroïfme même foit dans la nature, finon il devient merveilleux & n'intéreſſe plus.

Vous parler de la diction feroit faire injure au grand Voltaire, les fleurs naiſſent partout fous fes pas & ne cédent leurs place qu'aux fruits. Quelle fécondité ! Quels détails charmants ! Quelle érudition ! Le fentiment fuccéde à l'efprit, & l'efprit au génie. Partout où l'occafion fe préfente il fait l'éloge de ces Arts dont il eſt lui-même le flambeau. Il n'a pu s'empêcher de faire celui des Anglais (auxquels il a tant d'obligation) fous le nom de Japonnois. Idamé dans la Scene du cinquiéme acte avec fon mari, lui dit qu'il faut périr de fes propres mains & imiter ces braves Infulaires qui ſçavent difpofer de leur fort fans attendre :

Qu'un *Defpote* infolent leur apporte la mort.

Le Vainqueur veut que fes foldats refpectent les Arts & qu'ils épargnent les

Livres facrés : quoiqu'ils vous femblent des monumens d'erreur , dit-il :

> Cette erreur eft utile,
> Elle occupe le Peuple & le rend plus docile.

Le fecond hémiftiche ne me paroît pas d'une extrême juftefse, l'erreur eft mere du fanatifme, & nos hiftoires ne prouvent que trop que ce Monftre a plus foulevé de Sujets qu'il n'en a foumis : je finis, car item, il faut finir par un vers que je ne puis pardonner :

> Trop heureux les Sujets inconnus à leur Maître.

dit Monfieur de Voltaire ; ce fentiment n'eft vrai que pour des étourdis qui craignent la colere d'un Maître parce qu'ils la méritent ; les gens cenfés penfent différemment , & pour moi qui me pique d'être du nombre des derniers, je me croirois trop heureux fi j'étois connu de mon Maître, d'un Roi généralement aimé parce qu'il le mérite.

A propos j'oubliois de vous dire que les Comédiens ont retranché les luftres des ailes du Théatre , il faut efperer qu'à force de retrancher les inutilités nous n'y verrons bientôt plus ni balcons ni ballets.

Je fuis Monfieur, J.

A Paris le 21. Août 1755.

www.ingramcontent.com/pod-product-compliance
Lightning Source LLC
Chambersburg PA
CBHW061815040426

42447CB00011B/2662